Urbain Gohier

Le complot de l'Orléanisme et de la Franc-Maçonnerie
contre la France et contre la République

Urbain Gohier, de son nom de naissance Urbain Degoulet, a signé deux de ses livres du nom de plume Isaac Blümchen, né à Versailles le 17 décembre 1862 et mort le 29 juin 1951, est un avocat, journaliste et écrivain français.

DU MÊME AUTEUR

Gohier Urbain (Degoulet Urbain)

- *L'armée contre la Nation - 1898*
- *Le Service d'un An ou la Ruine - 1899*
- *Sur la Guerre Propos d'un jeune homme - 1900*
- *L'armée de Condé - La France sera encore trahie - 1900*
- *Aux Femmes - 1900*
- *Le peuple du XXe siècle - Cinq mois aux États-Unis - 1903*
- *Histoire d'une Trahison - La Bande Jaurès - 1899-1903*
- *La Terreur Juive - Après l'armée de Condé, la tribu de Lévi - 1905*
- *Leur république - 1906*
- *Zola au Panthéon - 1907*
- *A nous la France ! - 1913 ; Blümchen Isaac*
- *La Sociale - 1914*
- *Le droit de la race supérieure - 1914 ; Blümchen Isaac*
- *Gardons la France aux Français - 1915*
- *Protocoles des sages d'Israël - 1925*

Ceux qui trouvent sans chercher, sont ceux qui ont longtemps cherché sans trouver.
Un serviteur inutile, parmi les autres

22 JUILLET 2013

SCAN, ORC
JOHN DOE
Mise en page
LENCULUS
Pour la Librairie Excommuniée Numérique des CUrieux de Lire les USuels

M. de CATHELINEAU, interprète bien qualifié du sentiment royaliste, dit à l'assemblée des vieux Chouans : « *Ce qui est anti-français, c'est d'être Orléaniste, car l'histoire des d'Orléans n'est qu'un tissu d'infamies et d'attentats contre la patrie !* »

Le général Comte de Cornulier-Lucinière, dans son livre de famille, attesta : « *Rien ne peut laver la tache indélébile, anti-royaliste et antipatriotique, qui enveloppe cette famille d'Orléans dans un linceul de honte et d'ignominie* ».

Le très royaliste et très catholique Marquis de La Vauzelle, dans une lettre en date du 16 avril 1923 (*Vieille-France*, n° 336), a fixé les origines honteuses et les crimes de la tribu d'aventuriers qui usurpe aujourd'hui le nom et le titre des GUISE.

LA FRANC-MAÇONNERIE VA-T-ELLE RECOMMENCER, À LA FAVEUR DU DÉSORDRE FRANÇAIS ET DU DÉSORDRE EUROPÉEN, AU BÉNÉFICE DE LA FACTION ORLÉANISTE, LE COUP QUI A MANQUÉ EN 1792 AVEC PHILIPPE-ÉGALITÉ, MAIS QUI A RÉUSSI EN 1830 AVEC LOUIS-PHILIPPE ?

La Franc-maçonnerie a été importée d'Angleterre en France au commencement du XVIIIe siècle, — à l'époque ou Philippe d'Orléans, Régent, et son infâme abbé Dubois, premier ministre, étaient pensionnés par le gouvernement britannique pour trahir les intérêts français. La trahison du « d'Orléans » alla jusqu'à mettre la France en guerre confre le petit-fils de Louis XIV, roi d'Espagne.

Notre pays fut alors le vassal de l'Angleterre comme il devait l'être au XIXe siècle de 1830 à 1848, sous le règne de Louis-Philippe qui avait écrit : « *Je suis Anglais avant tout* ».

La Prusse, création de l'Angleterre contre la France, a toujours été un foyer de la Maçonnerie, dont Frédéric II fut l'ardent animateur.

Des Loges de Londres et de Berlin sont venues les consignes aux Loges de France, avant, pendant et depuis la Révolution.

Et les « *d'Orléans* » (ou prétendus tels) ont toujours été les complices de l'Angleterre, de la Maçonnerie, de la Juiverie, pour la destruction des Bourbons et pour l'abaissement de la France.

La F∴ M∴ est, depuis l'origine, l'alliée ou plutôt l'instrument des Juifs pour l'accomplissement du plan tracé dans les *Protocoles* (1).

Tous les partis français sont profondément enjuivés, donc maçonnisés ; celui qui l'est le plus anciennement et le plus profondément est le parti « *orléaniste* ».

---

1 – Plan qui est la simple reproduction, mise au point, des programmes arrêtés et promulgués dès le moyen âge par les Chefs ou Juges d'Israël.

Dès le XVIIIe siècle, le duc de Chartres, futur duc d'Orléans, Philippe-Égalité, allait a Londres prendre les ordres du juif Haïm Jacob Falk, alors grand chef des organisations secrètes dépendant de la F∴M∴, en quelque sorte précurseur de Weisshaupt. Le même personnage, par sa trahison en pleine bataille, sauva la flotte anglaise de la destruction à l'affaire d'Ouessant (1778).

Ce duc d'Orléans était Grand Maître de la Maçonnerie française, qui avait pour devise, mot de passe et mot d'ordre L.P.D., *Lilia pedibus destrue* : guerre à mort aux Bourbons, surtout à la branché aînée des Bourbons.

La Franc-Maçonnerie promit au duc d'Orléans le trône de France, en échange de son concours pour détruire la royauté légitime.

Le duc d'Orléans, par lui-même et par son mariage avec la fille du duc de Penthièvre, était le plus riche propriétaire foncier d'Europe. A ses immenses revenus, il joignait les ressources tirées de la multitude de lupanars et de tripots qu'il avait installés dans les galeries du Palais-Royal.

Il mit cet or au service de la Révolution violente ; il subventionna les pamphlétaires et les meneurs d'émeutes ; il inonda la Cour, la ville et la province de hideux libelles contre Marie-Antoinette. Il fit égorger (*avec quels raffinements !*) la princesse de Lamballe, sa belle-sœur et créancière. Travesti en *« femme des Halles »*, il conduisit la foule sanguinaire aux Journées des 5 et 6 octobre, et dirigea les assassins dans le dédale des appartements royaux à Versailles, jusqu'à la chambre de Marie-Antoinette ; elle n'y était plus ; il la poussa sur l'échafaud.

Pendant le long procès de Louis XVI, il suivait avec une lorgnette l'agonie de sa victime.

Les 15, 16 et 19 janvier 1793, il vota : la culpabilité du roi ; le refus de soumettre le jugement au peuple ; la peine de mort ; le refus de surseoir à l'exécution. Quatre fois bourreau de son bienfaiteur !

Le 21 janvier, installé sur la terrasse du Garde-Meuble (1), il savoura l'exécution, et il écrivit aussitôt à son âme damnée, Choderlos de Laclos, intendant de ses orgies : « *Je viens de voir saigner le gros cochon* ». Puis il

---

1 – Aujourd'hui le Ministère de la Marine.

alla, au témoignage de Chateaubriand, apaiser ses sens enflammés dans une débauche contre nature, traditionnelle chez les d'Orléans depuis le « *Roy de Sodome* », frère de Louis XIV, qui avait fait empoisonner sa femme (Henriette d'Angleterre ; *Madame est morte* !) par ses mignons (chevalier de Lorraine, marquis d'Effiat).

Comment expliquer tant de forfaits contre la Maison de Bourbon si Philippe-Égalité avait été lui-même un Bourbon ? Et comment expliquer que la Maçonnerie eût choisi un Bourbon pour exécuter le programme L.P.D. ?

Philippe-Égalité lui-même a déclaré au club des Jacobins et devant la Commune de Paris, pour faire rectifier son état civil, qu'il était le fils d'un homme d'écurie nommé Lacroix, cocher du banquier Duruet. Tous les écrivains royalistes lui en ont donné acte. Et les mœurs de sa mère, connues de tout Paris, attestées dans tous les *Mémoires du temps*, confirment sa justification. (1)

Le pacte conclu entre Égalité et la Maçonnerie ne put être exécuté. Le torrent révolutionnaire balaya les combinaisons des Loges ; Égalité subit lui-même le supplice qu'il avait infligé au Roi et à la Reine.

Mais le coup manqué en 1792 réussit en 1830.

Le fils supposé d'Égalité, Louis-Philippe, que les tribunaux italiens (2) — ont rétabli dans sa véritable position, fils de Lorenzo Chiappini, geôlier de la prison de Modigliani, en Toscane — exécuta ce que Philippe-Égalité n'avait pu accomplir.

Le duc de Chartres, puis duc d'Orléans, Louis-Philippe, était aussi un haut dignitaire dans la Maçonnerie française. Il fut choisi pour renverser et remplacer le nouveau chef de la branche aînée des Bourbons, Charles X. L'intrigue fut menée avec autant d'habileté que d'audace.

---

1 — « *Elle fut la Messaline de son siècle ; elle se prostituait aux hommes de toutes les conditions, et partageait son lit même avec des valets* ».

2 — Jugement du tribunal pontifical de Faenza, rendu au nom du pape Léon XII le 29 mai 1824.

Ayant accepté des princes légitimes, au moment de la Révolution de Juillet 1830, le rôle et le titre de lieutenant-général du royaume, ayant juré de défendre la couronne du duc de Bordeaux, désormais Henri V (1), Louis-Philippe le trahit, et s'installa sur le trône volé.

Les républicains et les bonapartistes, qui attendaient un autre fruit de la Révolution, furent joués ; les royalistes, remplis d'horreur et d'indignation.

Durant dix-huit années, les royalistes s'allièrent aux républicains et aux bonapartistes pour saper l'usurpateur aventurier, jusqu'à ce qu'éclatât enfin la Révolution du mépris. En février 1848, les grandes dames royalistes allèrent soigner dans les ambulances les combattants républicains blessés en expulsant le Roi Maçon.

Ces événements avaient été l'œuvre de la Franc-Maçonnerie.

Les Rothschild, banquiers de Francfort qui ne devaient solliciter leur naturalisation qu'en 1848, furent pendant tout le règne les soutiens, les confidents intimes de Louis-Philippe et de sa famille. Ils avaient hâté la capitulation et la fuite de Charles X en lui procurant les moyens de s'exiler. Ils recueillirent d'énormes profits, notamment la concession en fief du réseau des chemins de fer du Nord, le plus commode à exploiter, le plus rémunérateur, ayant aujourd'hui encore comme administrateurs-propriétaires une demi-douzaine de « *barons* » Rothschild.

Pour procurer au peuple, irrité de l'escamotage étonnant auquel il venait d'assister, une diversion et des joies « révolutionnaires », le roi de la Maçonnerie souleva une vague puissante d'anticléricalisme. En aucun temps les journaux et les théâtres ne montrèrent plus de haine et ne vomirent plus d'outrages contre l'Eglise et contre les prêtres que pendant les premières années de la Monarchie de Juillet. C'est alors que furent mis à sac l'église de Saint-Germain-l'Auxerrois et l'Archevêché (février 1831).

A l'ombre des Rothschild pullulèrent naturellement leurs congénères ; et Toussenel put constater qu'ils prenaient déjà possession de la France, quand il écrivit, si longtemps avant les campagnes de Drumont, « *le juif, roi de l'époque* ».

---

1 – *L'Enfant du miracle*, plus tard connu sous le nom de comte de Chambord.

De nos jours, les livres d'Édouard Drumont, dans le genre historique et grave, les livres de la comtesse de Martel, dans le genre romanesque, ont montré les descendants de Louis-Philippe, leurs agents et leurs partisans, pareillement asservis aux Rothschild, aux Ephrussi, aux Hirsch, à toute la banque juive.

La fureur de Louis-Philippe contre les Bourbons, égale à celle de son père « *putatif* » Égalité, se manifesta de toutes manières. Il promulgua contre les Bourbons une loi d'exil bien plus dure que celle dont se plaignent ses héritiers (V. *aux Annexes*). C'est lui, et non pas l'émeute, qui fit gratter les fleurs de lis sur tous les monuments et sur les équipages officiels.

Il fit étrangler par une gourgandine ramassée dans les ruisseaux de Londres, la fille Dawes, « baronne de Feuchères », le dernier Condé, prince de Bourbon, pour voler l'immense fortune de cette maison. Il fit acheter au juif Deutz et salir par le geôlier Bugeaud la duchesse de Berry, mère du roi légitime Henri V, fille, femme et mère de Bourbons.

Ici encore se pose la même question et s'impose la même réponse que dans le cas d'Égalité.

Comment un Bourbon véritable eût-il pu commettre tant de crimes, tant d'infamies, contre cette illustre famille royale, s'il lui avait appartenu par les liens du sang ?

La seule explication possible est celle que nous avons annoncée plus haut ; de même qu'Égalité n'étant pas le fils du dernier duc d'Orléans, mais d'un homme d'écurie, Louis-Philippe n'était pas le fils d'Égalité, mais d'un sbire italien. Ainsi l'ont jugé les magistrats de Toscane. Un ouvrage récent (1) l'a démontré avec une force décisive.

Et les archives du Saint-Siège en détiennent les preuves : ce qui explique parfaitement l'attitude toujours méprisante, sévère, hostile, des Souverains Pontifes et des plus éminents prélats en face des aventuriers prétendus « *d'Orléans* ».

---

1 – Du Prof. Renato Zanelli, publié d'abord dans la *Rivista Araldica* de Rome, puis en volume, bientôt traduit en français.

Donc, Philippe-Égalité, grand maître de la Franc-Maçonnerie, eût été placé sur le trône par cette société dès 1792, si elle n'avait été débordée par les événements.

Et Louis-Philippe Chiappini, haut dignitaire de la Maçonnerie, fut placé par elle en 1830 sur le trône des Bourbons, *Lilia pedibus destruxit*, foula aux pieds les lis, et régna dix-huit ans comme Roi Maçon.

Parce que la Franc-Maçonnerie savait, de toute certitude, que ni le F∴ Philippe-Égalité ni le F∴ Louis-Philippe n'avaient le moindre lien avec l'antique dynastie des Bourbons, qu'elle voulait anéantir, elle les suscita pour accomplir son dessein.

L'Histoire, qui s'explique ainsi clairement, n'aurait autrement pas de sens.

Que voyons-nous aujourd'hui ?

Des situations, des faits, des personnages qui présentent de frappantes similitudes avec ceux des épisodes antérieurs.

L'arrière-petit-fils de Louis-Philippe, qui se fait appeler « *duc de Guise* » (1), est un pauvre homme insignifiant, uniquement occupé à battre du tambour. Il a d'ailleurs perdu la nationalité française, en servant six années dans l'armée danoise. Mais il a pour épouse une Agrippine ou Jézabel surexcitée, prête à toutes les machinations, à toutes les audaces pour satisfaire son ambition ; ouvertement déclarée pour les combinaisons germanophiles, en vertu de son ascendance mecklembourgeoise (2).

---

1 – Le dernier duc d'Orléans véritable est mort en 1785. Le dernier Guise est mort en 1664.
Aux noces de son cousin Jean avec sa sœur Isabelle, le chef de la tribu qui s'intitulait « *duc d'Orléans* » dit à l'épousée : « *En faveur de ton mariage, j'ai donné à ton mari le titre de Duc de Guise* ». Ainsi, au duché de Gérolstein, la Grande Duchesse annonce à ses conseillers qu'elle vient d'anoblir le beau Fritz : « *Je le fais baron de Vermout von Bockbier et comte d'Avallvintt-katt-Schopp-Vergissmeinnicht !* »
2 – Leurs grands-oncles, frères de leur grand-mère Hélène de Mecklembourg, commandaient des corps allemands dans les deux invasions de 1870 et de 1914.

Et quel aspect présente ce qu'on peut désigner par le nom de faction orléaniste ?

L'élément juif, donc maçonnique, y domine. Les observations de Drumont et de la comtesse de Martel demeurent plus vraies qu'au temps où elles furent notées. Le banquier juif de *Hongrie Finaly* (Banque de Paris et des Pays-Bas) conduit le chœur des financiers israélites « *sympathisants* ». La dame Cahen (d'Anvers) a fait récemment une adhésion bruyante et bien payante à l'Orléanisme. Qu'on étudie, aux mariages et funérailles, chasses à courre et galas des Rothschild, la liste de la prétendue « *aristocratie* » qui leur apporte ses hommages, et qui compose intégralement le monde orléaniste : tous ces noms anciens, usurpés au cours du XIXᵉ siècle, couvrent des métis de Juifs ou de Juives, mâtinés, half-caste, figurant dans les Conseils d'administration des banques et des compagnies juives ou judaïsantes.

Des deux directeurs de la feuille officielle orléaniste, l'un est incontestablement de race juive ; comme son père et ses fils, il offre le type juif le plus caractérisé, avec toutes ses tares ; il a maintes fois réprouvé l'antisémitisme. Le principal rédacteur, après les directeurs, Jacques Badstadt dit Bainville, collabore en même temps au *Petit Parisien*, organe notoirement maçonnique ; et il a été le premier en France, sur l'ordre des autorités juives, à s'élever furieusement contre l'importune divulgation des Protocoles. L'*Action Française* s'en fait gloire. Lorsque ses honorables collaborateurs Roger Lambelin et Talmeyr engagèrent des campagnes, l'un sur le péril juif, l'autre sur la fortune des Rothschild, ils furent promptement et brutalement désavoués, rabroués, muselés. Depuis la mort du fameux Arthur Meyer, l'*Action Française* a pris comme ersatz les publications du Juif Paul Lévy et du Juif d'Odessa, Landau.

Or, la Franc-Maçonnerie — (*au réel chagrin d'une partie de ses membres, qu'il ne faut pas désespérer de rallier*) — est l'instrument aveugle du plan juif, de la volonté juive.

Et voici deux exemples notoires de ses intimes liaisons avec l'état-major orléaniste.

Pendant la guerre, M. Davidet ou Daoudet, dit « *Daudet* », fit une campagne violente contre les hommes que Barrès avait appelés « *la canaille du Bonnet rouge* ». Deux Juifs de cette troupe, Goldschild dit Goldsky et Landau, furent condamnés par le Conseil de guerre à huit années de bagne et à la relégation pour intelligences avec l'ennemi ; en langue vulgaire, pour trahison. M. Davidet n'avait laissé passer aucune occasion de les accabler de son indignation patriotique. Mais, étant juifs, ils sont Maç∴. Le père de Goldschild préside une Loge parisienne. Un mot d'ordre maçonnique a passé. M. Davidet a rendu un public hommage à la gentilhommerie des « *traîtres* » qu'il s'était vanté d'envoyer au bagne. L'*Action Française* cite fréquemment avec éloge le journal de l'un d'eux (*Agence technique* (!) *de la Presse*). Même palinodie cynique, sur intervention maçonnique, dans l'affaire du dramaturge juif Bernstein, hier « *escroc et déserteur* », subitement mué en Français de première zone par ses accusateurs de la veille.

Lorsque M. Davidet, fugitif à Bruxelles, éprouva le besoin de rentrer en France, on vit M. Herriot et M. Daladier, les deux pontifes du radicalisme, qui sont aussi deux Éminences maçonniques, se précipiter ensemble, au milieu de la nuit, chez le chef du gouvernement, pour exiger la grâce de leur client. M. Eile Buré a relaté dans l'*Ordre* cette intervention révélatrice. Les FF∴ Chiappini-Mecklembourg n'avaient eu qu'à faire le « *signe de détresse* » maçonnique :

C'est aussi M. Herriot, sénateur maçon, qui fit introduire dans une loi d'amnistie politique un texte spécial pour immuniser les crimes et délits de droit commun entraînant condamnation de M. Photius « *Maurras* ».

Pourquoi, dans la détresse financière de la France, au lieu de saigner à blanc le contribuable, les gouvernants n'ont-ils jamais repris les milliards de biens nationaux que détiennent les prétendus « *d'Orléans* » ? Parce que tous les ministères qui se succèdent obéissent à la Maçonnerie, et que la Maçonnerie couvre les « *d'Orléans* » (V. aux *Annexes*.)

Il est constant, et chaque jour vérifiable, que l'organe et les agents de l'orléanisme trouvent des concours empressés dans tous les milieux où domine la Franc-Maçonnerie, notamment dans la magistrature et dans la police, où foisonnent les Delegorgue et les Chassigneux.

La Maçonnerie n'a jamais entamé le peuple; et le peuple abhorre les gens d'*Action Française*, ou les tourne en ridicule, ou les ignore. Mais la Franc-Maçonnerie maintient son empire sur un grand nombre de milieux bourgeois, de milieux officiels, de carrières dites libérales, où il est encore difficile de faire son chemin sans une affiliation préalable à quelque Loge, tandis que l'affiliation procure un avancement rapide, une protection certaine contre les conséquences de tous les manquements.

Et là, justement, la faction orléaniste est assurée de mille complicités : chez les officiers intrigants, chez les écrivains dénués de talent mais affamés de réclame, dans la police, dans les états-majors civils ou militaires, dans la magistrature assise ou debout.

Au Palais de Justice, les affaires d'*Action Française* emplissent les rôles, et ses avocats règlent les audiences, hâtent les débats ou les font ajourner à leur convenance; demandeurs, ils obtiennent ce qu'ils réclament; défendeurs, ils sont mis hors de cause. Quand, par miracle, une juridiction criminelle est contrainte par la loi de prononcer condamnation contre ces factieux, jamais elle n'est appliquée. Le F∴ Préfet de police reçoit à son cabinet les émissaires des condamnés pour mettre en scène leurs arrestations théâtrales, le texte des paroles historiques à prononcer, les évasions sensationnelles; en pleine rue (1), le F∴ préfet règle avec les décerveleurs orléanistes le cabotinage des « *manifestations* », et les autorise à saccager tout un quartier.

Quelle explication possible autre que la consigne maçonnique?
Parce que le Président du Conseil, Camille Chautemps, est 33ᵉ Honneur ou chevalier Kaddosh!

Le Président de la République exige, pour sous-préfet de sa royale résidence (Rambouillet), le propre neveu de Trestaillons « *Maurras* ».

---

1 – Janvier 1934, incidents Stavisky.

Pourquoi ? Fraternité maçonnique.

La violence, la grossièreté, l'effronterie infatigablement calomnieuse des pamphlétaires orléanistes sembleraient devoir déchaîner des représailles ou des ripostes d'une violence égale. Jamais on n'en lira dans un journal judaïsant et maçonnique.

Dans les troubles de la rue, alors que la police a des ordres pour traiter durement les agitateurs du commun, elle a des ordres non moins formels pour endurer stoïquement et sans riposte les outrages, les matraques, les bombes asphyxiantes et grenades lacrymogènes des troupes de choc orléanistes. On a vu, dans une seule rencontre, soixante-treize gardiens de la loi, défenseurs de l'ordre, anciens soldats, grièvement blessés (place du Panthéon) ; dans une autre rencontre (place des Pyramides), cent dix-huit autres envoyés à l'hôpital, sans représailles permises, sans poursuites ni sanctions judiciaires. Mais les bureaux, les domiciles, et les personnes des gens qui ont pris pour devise : « PAR TOUS LES MOYENS ! par le faux et par la calomnie ! par le Couteau de Karl Sand et par les bombes d'Orsini ! » sont protégés avec vigilance par des fonctionnaires de police qui se trouvent en même temps dignitaires de la Maçonnerie.

Quelle autre explication que la consigne maçonnique ?

M. Davidet a pu écrire, l'été dernier, un article sous ce titre bien clair : « *Les plaisirs de l'impunité* ». Il constatait avec une juste fierté que tous les attentats contre la nation, contre ses chefs, contre les particuliers, contre les propriétés (1), peuvent être commis hardiment par les complices égarés, ou fanatisés, ou gagés, du complot orléaniste, sous le couvert de l'Ordre républicain.

Pourquoi, sinon parce que la Judéo-Maçonnerie tient la République ?

S'il fallait compléter ce tableau par d'autres traits, on observerait que la « *littérature* » obscène des pamphlétaires orléanistes s'apparente à celle

---

1 – Hautes trahisons, meurtres, provocations continuelles à l'assassinat, faux, usage de faux, chantages, escroqueries.

de Choderlos de Laclos, lieutenant de Philippe-Égalité, à celle du monstrueux marquis de Sade, orléaniste et Franc-Maçon ; que les scènes du monde orléaniste présentées par M. Davidet dans l'*Entremetteuse*, l'*Astre noir*, *Suzanne*, les *Bacchantes*, etc., évoquent fidèlement l'infâme corruption de la Régence et les abominations du Palais-Royal ; que du « *Roy de Sodome* », premier duc d'Orléans de cette lignée, jusqu'au bouge de Flaoutter, les mœurs de la faction suivent une tradition historique, remontant aux Templiers, origine de la Maçonnerie. Le grand Capétien Philippe le Bel jugeait la « *Fleur des Pois* » comme nous la jugeons nous-mêmes ; mais les pontifes de l'orléanisme maçonnique emplissent leurs journaux de dithyrambes en l'honneur de M. Proust et de M. Gide, animateurs de la pédérastie. Comme l'écrit lui-même le protagoniste de cette abominable saturnale, leurs « *partouzes* » finissent parfois en crimes sanglants, assassinats et suicides de précoces débauchés.

Au lieu de la formule L. P. D., *Lilia pedibus destrue*, les orléano-maçons d'aujourd'hui affichent le programme beaucoup plus intelligible au vulgaire, et constamment justifié : « *Par tous les moyens : par la calomnie et par le faux ! par le couteau de Karl Sand et par les bombes d'Orsini !* »

Le torrent d'insultes poissardes, de diffamations ordurières, de calomnies infâmes, qui jaillit chaque matin du repaire orléaniste contre les meilleurs Français, n'est comparable qu'au torrent d'horreurs qui jaillissait du Palais-Royal de Philippe-Égalité contre le pauvre Louis XVI et l'infortunée Marie-Antoinette. La méthode est identique.

Pour déshonorer Marie-Antoinette, le duc d'Orléans franc-maçon Philippe-Égalité propageait d'horribles libelles contre la légitimité de Louis XVII. Pour déshonorer la duchesse de Berry et voler le trône de son fils, le duc d'Orléans franc-maçon Louis-Philippe répandait d'horribles insinuations sur la légitimité de Henri V, l'Enfant du miracle. Et chaque jour, les employés du soi-disant duc de Guise attaquent l'honneur des familles françaises. La méthode est identique.

La similitude des manœuvres, trahissant la volonté maçonnique, apparaît avec autant d'éclat dans le domaine religieux.

Nous rappelions tout à l'heure que, pour faire diversion à l'escamotage de la République, de Napoléon II ou de Louis XVII en 1830, le franc-maçon Louis-Philippe avait aiguillé contre l'Église catholique les fureurs populaires. Les premières années de son règne furent marquées par une orgie d'anticléricalisme. Plus près de nous, la Franc-Maçonnerie suscita le F∴ Léo Taxil, qui feignit de se convertir, qui dupa les éternelles dupes catholiques avec la fable de Diana Vaughan, qui déchaîna ensuite le scandale avec sa *Bible amusante*, ses *Amours de Pie* IX, etc.

Et maintenant, le libre-penseur militant Léon Davidet, à la manière de Léo Taxil, s'est soudain converti au catholicisme ; il a raclé les éternelles dupes catholiques ; ensuite il a lâché sur l'Église le scandale de ses livres obscènes ; avec le concours de son acolyte ouvertement païen, il a provoqué parmi les catholiques un véritable schisme.

Le Souverain Pontife, les cardinaux assemblés, les archevêques et les évêques français en corps, ont dû fulminer des anathèmes et des excommunications contre la secte orléano-judéo-maçonnique. Tout un clergé de messes noires et de chanoines Docre (V. Huysmans, *Là-bas*) s'est employé à soulever les fidèles contre leurs pasteurs ; une multitude de familles catholiques se trouvent divisées contre elles-mêmes, par le travail diabolique de la feuille et de la faction orléanistes.

L'œuvre antireligieuse du maçon enjuivé Louis-Philippe et l'épisode grotesque de Léo Taxil étaient peu de chose en comparaison du mal que les orléanistes d'aujourd'hui, dirigés par la Maçonnerie juive, ont fait à la religion dans ce pays. Et la marque de la Bête apparaît sanglante au front des criminels.

POUR CONCLURE

Depuis deux siècles exactement, la Franc-Maçonnerie apparaît derrière toutes les machinations, usurpations, félonies, conspirations orléanistes.

Depuis deux siècles, la famille et la faction dites « *d'Orléans* » ont été les instruments de la Judéo-Maçonnerie contre l'antique monarchie et contre la famille glorieuse des Bourbons.

Les d'Orléans ont fait guillotiner Louis XVI et Marie-Antoinette ; ils ont renversé Charles X ; ils ont volé le trône de Henri V dans son enfance ; ils ont empêché la restauration bourbonienne en 1873 ; leurs gens viennent de collaborer activement à la chute du Bourbon d'Espagne.

Et toujours sous l'inspiration, sous les directions, avec le concours, pour les volontés de la Judéo-Maçonnerie. Chaque détail de cette rapide esquisse peut être documenté par une infinité de preuves historiques.

Tous les faits que nous avons allégués sont attestés par les historiens royalistes.

De la situation présente, et des manœuvres qui s'exécutent dans l'ombre, mais dont les répercussions fréquentes se révèlent à la lumière, il est permis de déduire que la Judéo-Maçonnerie s'apprête à recommencer le coup manqué en 1792, réussi en 1830.

En même temps qu'elle va restaurer ses Hohenzollern Allemagne, elle tentera de restaurer ses d'Orléans (supposés) en France.

Aux républicains d'aviser.

Urbain Gohier, Janvier 1934.

ANNEXES

I — LE PROGRAMME ORLÉANISTE

Le duc d'Orléans (1), qui avait passé à l'ennemi en pleine bataille, écrivait à son émissaire le comte d'Antraigues :

— Il importe à l'Angleterre d'arracher les Sept Îles aux Français...
— J'ai demandé à être admis à l'honneur de servir dans les armées espagnoles contre Bonaparte et ses satellites (les Français) et Leurs Majestés ont daigné me l'accorder...
Il est nécessaire que les Espagnols et moi nous ayons battu les Français et que nous les ayons bien battus...
J'espère que les Français vont être écrasés en Espagne...
Il y a en Espagne, à Naples, en Dalmatie, des armées françaises qui vont se trouver, je l'espère au moins, dans des conditions désastreuses.

Tout un volume sur ce ton.

Une fois placé sûre le trône par la Franc-Maçonnerie, Louis-Philippe Chiappini fit de la France, pendant dix-huit ans, la vassale humiliée de l'Angleterre.

Le comte d'Antraigues, confident intime à qui le duc d'Orléans ouvrait ainsi son cœur, et qui était son agent de liaison avec le ministère anglais, écrivait lui-même au ministre autrichien Thugut :

Je veux, jusqu'à mon dernier soupir, faire tout le mal que je pourrai aux brigands du pays (la France) qui fut ma patrie. Ce sera l'unique occupation de ma vie, et ma haine, une haine bien nourrie et immortelle, sera l'héritage le plus intact que je léguerai à mon fils.

---

1 — Fils de Chiappini, futur roi des Français sous le nom de Louis-Philippe.

Ce sont les fils ou les valets de ces d'Orléans, de ces Antraigues, qui trafiquent aujourd'hui du patriotisme, qui se camouflent en patriotes. Et le peuple de France, ignorant, abêti, ne les écrase pas !

Pendant le bombardement de Paris, le marquis de Chanaleilles, réfugié au château d'Amboise chez les « *d'Orléans* » ses maîtres, écrivait au concierge de son hôtel (rue de Chanaleilles, VIIe)

Si Paris était obligé de capituler et si les Prussiens y entraient, il faudrait de suite (*sic*) aller demander de notre part S.A.R. le grand-duc de Weimar, que Mme la marquise de Chanaleilles a connu en Allemagne auprès de Mme la duchesse d'Orléans (Hélène de Mecklembourg) et le prier de vouloir bien choisir notre hôtel pour s'y loger ou y placer un général de sa suite.

Vous mettrez alors tous nos grands appartements et tout notre hôtel à sa disposition pour lui et sa suite, et vous le traiterez le mieux que vous pourrez.

Portez-vous bien ainsi que votre famille.

Signé : *Marquis de Chanaleilles*

Le commandant comte Esterhazy, espion et traître, embrassé publiquement par le prince d'Orléans au nom de sa tribu et de tout le parti, entretenu par les douairières et les gitons orléanistes, acclamé par la canaille orléaniste, écrivait à sa maîtresse, Mme de Boulançy :

...Les Allemands mettront tous ces gens-là (les généraux français) à leur vraie place avant qu'il soit longtemps.

...Nos grands chefs, poltrons et ignorants, iront une fois de plus peupler les prisons allemandes.

...Je suis absolument convaincu que ce peuple (français) ne vaut pas la cartouche pour le tuer.

...Si ce soir on venait me dire que je serai tué demain comme capitaine de uhlans en sabrant des Français, je serais certainement parfaitement heureux.

...Je ne ferais pas de mal à un petit chien, mais je ferais tuer cent mille Français avec plaisir.

...Comme tout cela ferait triste figure dans un rouge soleil de bataille, dans Paris pris d'assaut et livré au pillage de cent mille soldats ivres.

Voilà une fête que je rêve !

Ainsi soit-il.

Ces lettres, publiées dans le *Figaro* du 28 novembre 1897, avouées fièrement par le commandant comte Esterhazy en Cour d'assises, répètent simplement le fameux Manifeste du duc de Brunswick, général de l'armée prussienne et des émigrés : « *Paris sera livré à une exécution militaire et à une subversion totale* ».

Le programme n'a pas changé. Les bandes d'Action Anti-française en 1934, ce sont les Trestaillons de la Terreur Blanche accolés aux uhlans d'Esterhazy,

Sous la protection de la Franc-Maçonnerie,

Manœuvrée et financée, comme au temps de Pitt, par l'Intelligence Service britannique.

II — LA LOI D'EXIL

La Nouvelle Aurore du 19 octobre 1929 a publié le texte de la Loi d'Exil signée et promulguée par Louis-Philippe, après qu'il eut « *roulé* » les royalistes, les républicains et les bonapartistes, volé la couronne de Charles X et d'Henri V, usurpé le pouvoir grâce au concours des Rothschild de Francfort (*non encore naturalisés*).

Lorsque les « *d'Orléans* » sont maîtres, ils traitent leurs concurrents avec une rigueur que ne connaît pas notre pauvre République.

Relisez :

moniteur universel, mercredi 11 avril 1832

Partie officielle, 4015

Louis-Philippe, roi des Français, A tous, présents et à venir, salut.

Les Chambres ont adopté, nous avons ordonné et ordonnons ce qui suit :

- Article premier. — Le territoire de la France et de ses colonies est interdit à perpétuité à Charles X, déchu de la royauté par la déclaration du 7 août 1830, à ses descendants, aux époux et épouses de ses descendants.
- Art. 2. — Les personnes désignées dans le précédent article ne pourront jouir en France d'aucun droit civil. Elles ne pourront posséder aucuns biens meubles ou immeubles. Elles ne pourront acquérir à titre gratuit ou onéreux.
- Art. 6. — Les dispositions des articles 1 et 2 de la présente loi seront applicables aux ascendants et descendants de Napoléon, à ses oncles et tantes, à ses neveux et nièces, à ses frères, à leurs femmes et à leurs descendants, à ses sœurs et à leurs maris.

Fait à Paris, au palais des Tuileries, le 10ᵉ jour du mois d'avril 1832.

Louis-Philippe.

En 1838, le prince Louis-Napoléon vint des États-Unis en Suisse pour voir sa mère qui allait mourir. Louis-Philippe, roi des Français, menaça de guerre la Suisse si elle n'expulsait pas immédiatement ce Bonaparte. Et la Suisse, épouvantée, obéit ; Louis-Napoléon dut se réfugier en Angleterre.

Quand on compare cette férocité orléaniste à la stupide complaisance de notre République et à la trahison de ses ministres, on reste confondu.

La simple morale et l'équité voulaient que la République appliquât aux « d'Orléans » leur propre loi, qu'elle chassât de France non seulement le chef de la famille et son (?) fils aîné, mais toute la tribu ; enfin, qu'elle confisquât leurs possessions, qui sont réellement des biens nationaux.

III — LES MILLIARDS VOLÉS PAR LES D'ORLÉANS

Le gouvernement maçonnique, acharné à dépouiller les Français, refuse de toucher aux milliards volés par les d'Orléans. L'immense fortune de la maison d'Orléans a son origine dans les apanages constitués par Louis XIV à son frère Philippe d'Orléans, « *l'homosexuel* ».

La constitution des apanages au bénéfice de la branche cadette a été l'un des principaux moyens employés par les rois pour défaire l'unité de la France à mesure que le peuple s'efforçait de la réaliser ; c'était un DÉMEMBREMENT PÉRIODIQUE du royaume ; les princes apanagés devenaient les rivaux de la branche aînée ; ils appelaient à leur aide les armées étrangères ; il fallait des siècles de guerres pour reconstituer le patrimoine du peuple dépecé par les rois et les princes.

La matière des apanages fut réglementée par l'ordonnance de Charles IX du 9 février 1566, que précisèrent deux édits de mars 1661 et de mai 1711 ; il en résultait que les aliénations du domaine de la couronne au bénéfice des aînés mâles de la maison de France ne pouvaient profiter qu'à leurs enfants mâles, et que les apanages faisaient retour à la couronne par décès du titulaire sans héritier direct mâle.

Louis XIV donna d'abord à son frère (mars 1661) les duchés d'Orléans, de Valois, de Chartres et la Seigneurie de Montargis ; en 1672, il lui donna le duché de Nemours, le comté de Dourdan et Romorantin, le marquisat de Coucy et Follembray ; en 1692, il lui donna le Palais-Royal.

Louis XV accrut les possessions de ses insatiables cousins en 1740, en 1751, en 1766. Les d'Orléans dévoraient le royaume.

Ils ajoutèrent au Palais-Royal les galeries qui entourent encore le jardin, et ils y installèrent des lupanars, des tripots, dont l'exploitation augmenta leur richesse. Au moment de la Révolution, leurs apanages dépassaient les apanages réunis de la famille royale (1). Ils en tiraient un revenu de cinq millions de livres, qui correspond à deux cents millions de francs actuels. Ils étaient les plus gros capitalistes d'Europe.

Ils avaient annexé les héritages des bâtards de Louis XIV et de la Montespan, duc du Maine et comte de Toulouse.

On sait que Philippe-Joseph Égalité organisa l'atroce assassinat de la princesse de Lamballe pour « *éteindre* » les droits de cette malheureuse sur l'énorme succession de son mari, fils du duc de Penthièvre, qui possédait un sixième de la Bretagne.

---

1 – Comte de Provence et comte d'Artois, futurs Louis XVIII et Charles X.

On sait aussi, par la correspondance de Laclos et par le témoignage du ministre Bertrand de Molleville, que le même Philippe-Joseph d'Orléans fit égorger l'agent de change parisien Pinel et lui vola soixante millions en bonnes valeurs.

On sait enfin comment Louis-Philippe, à peine « *roi des Français* », fit étrangler à Saint-Leu le duc de Bourbon, dernier Condé, pour s'emparer des richesses que cette famille avait accumulées depuis trois siècles. Le complice des d'Orléans pour ce dernier forfait était une prostituée anglaise, Sophie Dawes, « *baronne de Feuchères* » : première apparition d'un plan Dawes dans l'Histoire.

Lorsque le duc d'Orléans, Régent de France, fameux par le poison et par l'inceste, étonnait Paris de ses débauches, il extorqua de Louis XV (âgé alors de onze ans, novembre 1721) cinq cent mille écus d'or pour doter sa fille Louise-Elisabeth, fiancée au prince des Asturies ; la France ne paya que les intérêts, jusqu'à la mort de la bénéficiaire (1742). Cinquante ans après l'extinction de la créance, en 1791, Orléans-Égalité eut l'audace de réclamer le capital, 4.158.850 livres, à l'Assemblée législative ; et le rapporteur de l'affaire, nommé Camus, la patte bien graissée, eut l'impudence de conclure au paiement (1).

La loi du 21 décembre 1790 supprima les apanages existants et défendit d'en constituer à l'avenir. En conséquence, les domaines de l'apanage d'Orléans furent réunis au domaine de l'État. Et lorsque les Bourbons rentrèrent en France après la chute de Napoléon, ils ratifièrent la loi de 1790 : le comte d'Artois, frère de Louis XVIII et futur Charles X, ne reprit pas ses biens fonciers ; il reçut simplement des « *rentes apanagères* ».

Les d'Orléans, eux, ne se résignèrent pas ; ils assiégèrent Louis XVIII et lui arrachèrent une capitulation qui jeta l'alarme parmi les acquéreurs de biens nationaux. Par quatre ordonnances de 1814, Louis XVIII décida que tous les biens non aliénés dont Philippe-Joseph Égalité avait joui, « *sous quelque titre et quelque dénomination que ce fût* », seraient rendus à son bien-aimé cousin Louis-Philippe d'Orléans et à sa sœur Louise-Adélaïde-Eugénie.

---

1 — *Moniteur* 12 janvier 1791.

Dans une seule journée, 17 septembre 1814, le « *bien-aimé* » fit enlever des Archives 190 cartons contenant 1.733 grimoires constitutifs de propriété.

La clause concernant la sœur était contraire au droit fixé par les ordonnances (1) de Charles IX et de Louis XIV. Et l'acte dans son ensemble était contraire à la Charte, au droit issu de la Révolution, au sentiment national. Mais la cupidité orléaniste n'a jamais connu d'obstacles ni de limites :

Indûment rétabli en possession de l'apanage, Louis-Philippe d'Orléans, futur « *roi citoyen* », se jeta dans le maquis de la procédure pour étendre ses profits et pour éluder ses obligations. Il donna de 12 à 15 pour cent de leurs créances aux créanciers de son père que l'État n'avait pas encore désintéressés ; il extorqua 17 millions sur le milliard des Émigrés, cumulant ainsi la reprise et l'indemnité qui devait y suppléer ; il intenta des procès à la Ville de Paris, des procès à trois cents communes du Cotentin, des procès à l'administration des Domaines, des procès à sa propre mère, des procès au duc de Bassano (Maret), pour grossir de quelques millions par-ci, quelques millions par-là, le honteux butin qu'il avait fait sur la France.

Comme son père Égalité, ce « *roi des Français* » avait grand soin de mettre des fonds à l'abri en Angleterre et en Amérique. Le frère de Louis XIV avait commencé dès le XVIIᵉ siècle ; Égalité, banqueroutier à Paris, fit passer à Londres douze millions de livres et des cassettes pleines de diamants ; Louis-Philippe faisait des placements à Philadelphie par l'intermédiaire de Coult & Cie, banquiers anglais.

L'évasion des capitaux, le jeu sur la livre sterling et le dollar contre le franc, ont donc été inventés et propagés par les d'Orléans.

La sinistre famille a grossi considérablement ses trésors en affamant le peuple. Choderlos de Laclos, dans une lettre fameuse, a révélé les opérations de son maître, le duc d'Orléans : Philippe-Égalité raflait les blés à bon compte, les exportait à Jersey et à Guernesey, les réimportait lorsque

---

1 – citées plus haut.

la famine avait fait monter les cours ; il gagnait à ce jeu « *plusieurs millions par mois* », des millions en or dont chacun valait vingt-cinq à trente de nos millions-papier ; il prélevait d'ailleurs sur ce bénéfice criminel quelque cent mille francs pour soudoyer des folliculaires qui accusaient du crime le triste Louis XVI et la reine ; il menait implacablement à l'échafaud les souverains dont il comptait voler le trône, comme son fils Louis-Philippe, en 1830, vola le trône de leur frère.

Même dans l'effroyable tragédie grecque on ne trouve pas autant de scélératesses entassées que dans les annales orléanistes !

Lorsque Louis XVIII, en 1814 et 1816, et Charles X, en 1825, violèrent la Charte qu'ils avaient jurée et les lois en vigueur, dépouillèrent le Trésor de 35 millions qu'il avait déjà payés aux créanciers des d'Orléans, arrachèrent à la Nation les biens nationaux qui lui étaient acquis, pour enrichir leur bien-aimé cousin Louis-Philippe, ils préparaient leur propre châtiment, la ruine de leur dynastie : car Louis-Philippe employa ses fabuleuses richesses comme Philippe-Joseph avait employé les siennes, à la destruction de la Monarchie « *légitime* ».

Au règne de la Congrégation succéda le règne des Rothschild, et à l'insolence des revenants de Coblentz, la féroce tartuferie bourgeoise. A la veille de la Révolution de 1830, avant même que Louis-Philippe eût assuré à son fils, duc d'Aumale, l'énorme héritage des Condé par l'assassinat du duc de Bourbon à Saint-Leu, la fortune des d'Orléans montait à deux cents millions-or de l'époque, c'est-à-dire à cinq ou six milliards d'aujourd'hui.

Les forêts seules donnaient sept millions et demi de revenu (1).

Par le simple fait que Louis-Philippe devenait roi, ses biens entraient dans le domaine de la couronne, DEVENAIENT PROPRIÉTÉ DE L'ÉTAT FRANÇAIS. C'était le premier principe du droit monarchique et de la Charte.

Mais l'usurpateur ne l'entendait pas ainsi. Ayant réglé avec ses compères la comédie de son intronisation et fixé au 9 août 1830 sa prise de possession du trône, il se rendit en qualité de simple particulier, le 7 août,

---

1 – Multiplier par 20 ou 25.

chez son notaire et fit une donation de toute sa fortune à ses enfants, en nue propriété, ne se réservant que l'usufruit en viager.

De sorte que, le 9 août, l'État français incorpora dans son domaine un simple usufruit des biens qui devaient lui appartenir en pleine propriété.

L'escamotage fut consommé avec les mêmes complicités que n'importe quel gouvernement trouve chez les parlementaires de n'importe quel temps et de n'importe quel pays, moyennant rétributions variées.

Quand Louis-Philippe disparut, l'usufruit s'éteignit, les nu-propriétaires devinrent pleinement propriétaires : c'est-à-dire que toute la tribu orléaniste conserva en France des richesses infinies pour y fomenter des conspirations, pour y provoquer des trahisons, pour y entretenir les bandes scélérates de calomniateurs professionnels, de maîtres-chanteurs, de coupe-jarrets et d'escrocs que nous voyons « *travailler* » impunément, sous l'œil paternel des ministres, magistrats et policiers républicains.

Par décret du 2 janvier 1852, Louis-Napoléon, Prince Président avant d'être Napoléon III, reprit aux d'Orléans quelques domaines, pour 80 millions de francs. Il était loin de les traiter aussi rudement qu'ils avaient traité les Bourbons (ordonnance du 10 avril 1832), et que les Bourbons avaient traité les Bonaparte (ordonnance du 12 janvier 1816).

Cependant les d'Orléans et leurs agents poussèrent des clameurs indignées ; ils appelèrent assez plaisamment le décret du 22 janvier « *le premier vol de l'aigle* ». Ils n'en souffrirent pas longtemps ; au lendemain de nos désastres, alors que la France vaincue cherchait l'argent de sa rançon, les orléanistes de l'Assemblée nationale rendirent 40 millions (1) à leurs « princes ».

Ce n'est pas 40 millions qu'il faut reprendre aujourd'hui. C'est la totalité des richesses dérobées à l'État français par l'acte frauduleux du 7 août 1830. Un siècle ne compte guère dans la vie d'un peuple ; et la prescription ne joue pas contre l'État.

Les d'Orléans ont volé à l'État français, en 1830, deux cents millions de biens, qui valent aujourd'hui cinq à six milliards. Il faut reprendre ces cinq à six milliards.

---

1 – 40 millions-or, en 1872 = un demi-milliard de nos francs-papier.

Voilà une belle recette pour la Caisse d'amortissement ! D'une part, on réduira de cinq à six milliards la Dette à court terme, on fera remonter le franc. D'autre part, on désarmera l'abjecte bande d'Action anti-française.

J'ai déjà démontré, le code à la main, que les prétendues souscriptions enregistrées par les Trestaillons de la rue Boccador (cent millions en vingt-cinq ans), constitueraient la plus audacieuse escroquerie de notre temps, si elles étaient réelles.

Si le Parquet de la Seine les considérait comme réelles et s'obstinait à ne pas poursuivre les escrocs, il serait en état de forfaiture ; on ne pourrait mettre en doute sa collusion avec les ennemis de l'État. Il objecte, pour se justifier, que les souscriptions sont fictives, imaginaires ; que les dons attribués aux « *crétins salonnards* », gitons, corydons et douairières en folie, proviennent en bloc de la caisse noire orléaniste, alimentée par les revenus de la fortune volée en 1830.

Tenons-nous à cette hypothèse, qui corrobore à propos notre motion. Frappons l'Ennemi à la caisse. Et remplissons celle de l'Etat.

Reste une dernière question.

Comment expliquerons-nous que les gouvernants de la République et les membres républicains du Parlement n'aient jamais songé, dans la crise financière qui les affole, à la légitime reprise de plusieurs milliards sur les d'Orléans ?

Ils ne sont pas tous ignorants et stupides. Quelques-uns savent l'Histoire aussi bien que nous. C'est bien simple. Ils sont inertes en présence des spoliateurs orléanistes pour les mêmes raisons qu'ils sont inertes devant les affameurs, les pillards de la Guerre et les spéculateurs de la Banque. L'Argent les tient ; et ils ménagent les combinaisons de l'avenir. « *On ne sait jamais* ».

Et surtout, la Franc-Maçonnerie a décrété l'inviolabilité de la tribu maudite qui lui est inféodée depuis deux siècles. La Veuve et l'Acacia couvrent le trésor des Chiappini-Mecklembourg, camouflés en « *d'Orléans* ».

IV - La question Louis XVII

La survivance de Louis XVII. La prétendue « *réconciliation* » des faux d'Orléans avec le Comte de Chambord. La survivance de Louis XVII, fils de Louis XVI et de Marie-Antoinette, enlevé de la prison du Temple pour servir d'otage à certaines factions politiques, est admise aujourd'hui par tous les historiens consciencieux, de droite ou de gauche.

En vertu du droit royaliste, l'enfant qu'on appelait le Dauphin n'était plus dauphin, mais roi de France, depuis la minute même où la tête de Louis XVI_ était tombée sur l'échafaud. Toutes les coteries de la Convention et de la Commune de Paris étaient intéressées, chacune pour son compte, à s'assurer de sa personne. L'une d'elles y réussit. A partir de cette péripétie, le drame devient obscur.

Un certain nombre d'aventuriers se présentèrent plus tard sous les apparences de Louis XVII. Leurs fables furent aisément réfutées. Seule, la prétention de Naundorff a tenu bon ; elle eut pour champion Jules Favre, un des pères de la IIIe République, et le bon républicain sénateur Boissy d'Anglas, de qui l'argumentation et la documentation paraissent très solides. Plusieurs chancelleries d'Europe recèlent d'autres preuves. Le gouvernement de Hollande a reconnu officiellement Naundorff comme Louis XVII, et il a traité ses descendants comme héritiers des Bourbons de France ; ils portent partout le titre de princes de Bourbon ; si la France avait des velléités de restauration bourbonienne, c'est le chef de cette famille qu'elle devrait proclamer roi.

Il est connu aujourd'hui que l'histoire du drapeau blanc n'a été qu'une cause secondaire dans le refus du comte de Chambord qui pouvait saisir la couronne sous la présidence du maréchal de Mac-Mahon ; tout était prêt ; mais le comte de Chambord, s'il manquait de génie, était un gentilhomme de conscience scrupuleuse ; il savait que, d'après sa propre loi, le trône revenait au fils de Louis XVII ; il ne voulut pas renouveler le crime de Louis XVIII et de Charles X, bourreaux de leur neveu, qui avaient donné barre sur eux, par cette infamie, à l'autre usurpateur Louis-Philippe.

Tout se paie ; la Révolution de 1830 avait été le châtiment du forfait commis par les frères de Louis XVI contre son fils. Le comte de Chambord aima mieux ne pas devenir Henri V que d'être, à son tour, un voleur.

Ainsi pensent, dans les provinces françaises, les derniers royalistes de tradition et de conviction, qui n'ont « *rien appris ni rien oublié* », mais qui sont d'honnêtes gens sans contact avec l'*Entremetteuse*, avec *Flaoutter*, avec les *Bacchantes chiappinistes*, avec la *Fleur des Pois*.

Ils professent, comme M. de Cathelineau, que « *ce qui est anti-français, c'est d'être orléaniste, car l'histoire des d'Orléans n'est qu'un tissu d'infamies et d'attentats contre la patrie* ». Sans parler des crimes privés, incestes, sodomie, vols se chiffrant par milliards, assassinats par le poignard, par la guillotine, par la corde et par le poison. Une race de Borgias, à la dixième puissance d'atrocité.

Tels étant les faits, et le chaos politique enté sur le chaos économique ayant ressuscité les ambitions les plus extravagantes chez des factieux qui devaient se croire oubliés à jamais, on comprendra la dernière manœuvre des soi-disant « d'Orléans » qui s'intitulent à Bruxelles « duc de Guise » ou « comte de Paname-et-Pantruche ».

Il s'agit, pour cette bande, d'annuler la concurrence possible — et « *légitime* » au sens monarchiste — des princes de Bourbon, héritiers de Louis XVII. La précaution n'était pas utile tant que dura la légende du Dauphin mort au Temple ; elle devient urgente maintenant que la légende est détruite.

Alors, voici la nouvelle thèse des Chiappini-Mecklembourg, lancée tout d'un coup dans une série de publications : « *Nous ne pouvons plus invoquer la mort de Louis XVII dans sa prison ; nous ne pouvons guère discuter l'identité des princes de Bourbon, ses descendants.* NOUS *allons établir que Louis XVII n'était pas le fils de Louis XVI, mais un bâtard de Marie-Antoinette et du Suédois Fersen, célèbre par son dévouement à la reine* ».

Les femmes n'ont pas de chance avec les soi-disant d'Orléans.

La duchesse de Berry, mère du comte de Chambord, a été traquée, déshonorée par Louis-Philippe Chiappini, « *roi des Français* », avec une fureur ignoble. Quand il l'eut achetée du juif Deutz, il la livra aux attentats orduriers du colonel Bugeaud de la Piconnerie, qui gagna ainsi le grade de général dans la prison de Blaye ; et plus tard la haute dignité de maréchal en massacrant les ouvriers de Paris, rue Transnonain. Tous les scribes aux gages de Louis-Philippe eurent pour consigne de contester la légitimité du comte de Chambord, héritier du trône à la mort de Charles X.

Ce détail seul suffirait à réfuter l'histoire inventée par les « d'Orléans » d'une réconciliation à Frohsdorf avec le comte de Chambord, qui les aurait reconnus pour ses héritiers. Le comte de Chambord, nous le disions tout à l'heure, était un honnête gentilhomme ; s'il avait mis sa main dans la main des gens qui avaient assassiné son père, qui s'étaient efforcés de salir sa mère, qui le présentaient lui-même comme un bâtard, il eût été le dernier des misérables.

A la génération précédente, Philippe-Joseph Égalité s'était comporté de la même manière avec Marie-Antoinette. Les immenses revenus qu'il tirait des tripots et des lupanars du Palais-Royal, il les employait à publier contre sa reine d'immondes pamphlets, comparables à la littérature orléaniste de notre temps, *Suzanne*, l'*Astre noir*, l'*Entremetteuse*, etc.

Les ouvrages payés par le soi-disant « *duc de Guise* » sur les amours de Marie-Antoinette et de Fersen sont bien de même veine et visent bien le même but que les libelles payés par Égalité : *Amours de Charlot et de Toinette* ; *Portefeuille d'un talon rouge* ; *Vie privée, libertine et scandaleuse de Marie-Antoinette* ; *la Messaline royale* ; *Soirées amoureuses du général Mottier et de la belle Antoinette*, et mille autres dont on ne peut pas imprimer les titres.

La prétendue « *réconciliation* » de Frohsdorf a été inventée par les orléanistes, faussaires infatigables ; elle a été démentie formellement par la veuve du comte de Chambord et par les royalistes qui l'entouraient, duc de Blacas, duc d'Avaray, comte de Chevigné, prince de Bauffremont.

Même s'il avait plu au « *roy légitime* » de se déshonorer en accueillant les bourreaux .et les salisseurs de tous les siens, il ne lui appartenait pas de « *transmettre ses droits* » à quiconque. La couronne de France ne s'est jamais transmise par une désignation arbitraire. La succession est réglée inflexiblement par le droit monarchique ; et les titres des « *d'Orléans* », s'il y avait encore des « *d'Orléans* » au lieu des misérables aventuriers Chiappini, seraient primés par les titres de cinquante Bourbons authentiques existant à ce jour en. Europe.

Louis XIV avait une telle horreur des « *d'Orléans* », issus de son frère le pédéraste, qu'il légitima ses bâtards, duc de Maine et comte de Toulouse, pour barrer éventuellement la route du trône au duc d'Orléans, futur Régent.

Quand les petits-fils et les arrière-petits-fils du Roy-Soleil moururent étrangement en quelques années, le peuple n'hésita pas : il accusa le « *d'Orléans* » de les avoir empoisonnés.

Quand le duc de Berry tomba sous le poignard de Louvel, le peuple n'hésita pas davantage ; il poursuivit de ses huées les équipages et les valets de Louis-Philippe d'Orléans (Chiappini) aux livrées sanglantes.

Tous les membres, vrais ou supposés, de cette exécrable famille ont reçu et mérité les noms d'assassins, de lâches, et de goujats : ce qui explique, à chaque génération, la qualité de leurs acolytes, depuis le chevalier de Lorraine et l'abbé Dubois, jusqu'aux meneurs actuels de la faction.

Louis-Philippe Ier

6 octobre 1773 à Paris, † 26 août 1850 à Claremont House au sud de Esher, dans le comté de Surrey. *En 1839 par Franz Xaver Winterhalter. Musée de Versailles*

Les derniers moments du duc de Berry dans la salle de l'ancien opéra.
Alexandre Menjaud

Le duc de Berry expire sur un lit de fortune. Soigné par son chirurgien, Bougon, « Le Prince lève une main défaillante sur sa fille présentée par sa femme Marie-Caroline de Bourbon-Sicile (1798-1870), et lui dit : *Pauvre enfant, je souhaite que tu sois moins malheureuse que ceux de ta famille* » (livret du Salon de 1824, où la toile fut exposée). On distingue Monsieur, agenouillé, de face, et le duc d'Angoulême, frère du mourant, lui aussi agenouillé, de dos. A gauche de Louis XVIII, qui bénit le mourant, le prince de Condé et, à sa droite, Louis-Philippe, duc d'Orléans. Penchées au pied du lit, la duchesse d'Orléans et sa belle-sœur Madame Adélaïde d'Orléans. Louis Pierre Louvel, son assassin avoua avoir eu pour but de « *détruire la souche des Bourbons* »

Léon Daudet naît le 16 novembre 1867 à Paris dans le quartier du Marais. Il est le fils d'Alphonse Daudet. Sa famille est originaire du Gard. Il y a soixante-dix ans, le 1er juillet 1942, s'éteignait Léon Daudet à Saint-Rémy-de-Provence où il est enterré.

EN VENTE

CHEZ LE MÊME ÉDITEUR

librisaeterna.com

ANONYME – *La huitième croisade.*
   « – *Le survivaliste. Bienvenue en enfer.*
   « – *L'Église éclipsée.*
Gaston-Armand Amaudruz – *Le peuple russe et la défense de la race blanche.*
   «   «   « – *Nous autres racistes.*
Adrien Arcand – *Le communisme installé chez nous suivi de la révolte du matérialisme.*
   »   » – *Le christianisme a-t-il fait faillite ?*

BACKE Herbert – *La fin du libéralisme.*
Itsvan Bakony – *Impérialisme, communisme et judaïsme.*
Jean-Louis Berger – *Un honnête Homme égaré à L'Éducation (manipulation) Nationale.*
Baruteil Pierre (Puig A.) – *La race de vipères et le rameau d'olivier.*
René Bergeron – *Le corps mystique de l'antéchrist.*
Karl Bergmeister – *Le plan juif de conspiration mondiale.*
Clotilde Bersone – *L'élue du Dragon.*
Jean Bertrand & Claude Wacogne – *La fausse éducation nationale.*
René Binet – *Contribution à une éthique raciste.*
Léon Bloy – *Le salut par les juifs.*
Jean Boyer – *Les pires ennemis de nos peuples.*
Flavien Brenier – *Les juifs et le Talmud.*

CARREL Alexis – *L'homme cet inconnu.*
William Guy Carr – *Des pions sur l'échiquier.*
Lucien Cavro-Demars – *La honte sioniste.*
Pierre-Antoine Cousteau – *L'Amérique juive.*
   »   »   « – *Après le déluge.*
Louis-Ferdinand Céline – *Voyage au bout de la nuit.*
   »   »   » – *Mort à crédit.*
   »   »   » – *Mea Culpa.*
   »   »   » – *L'école des cadavres.*
   »   »   » – *Les beaux draps.*

Louis-Ferdinand Céline – *Bagatelles pour un massacre.*
» » » – *D'un château l'autre.*
» » » – *Nord.*
» » » – *Rigodon.*
André Chaumet – *Juifs et américains rois de l'Afrique du nord.*

Devi Savitri – *La Foudre et le Soleil.*
Louis Dasté – *Les sociétés secrètes et les juifs.*
» » – *Les sociétés secrètes, leurs crimes.*
» » – *Marie-Antoinette et le complot maçonnique.*
Léon Daudet – *Deux idoles sanguinaires.*

Echeverria Frederico de – *L'Espagne en flammes.*

Faugeras Henri – *Les juifs peuple de proie.*
Eugène Fayolle – *Est-ce que je deviens antisémite ?*
» » » – *Le juif cet inconnu.*

Gallagher Paul B. – *Comment Venise orchestra le plus grand désastre financier de l'histoire.*
Naeim Giladi – *Les juifs d'Irak.*
Urbain Gohier – *Le complot de l'Orléanisme et de la franc-maçonnerie.*
Hermann Göring – *L'Allemagne renaît.*
Joseph Goebbels – *Combat pour Berlin.*
Georges Grandjean – *La destruction de Jérusalem.*

Haupt Jean – *Le procès de la démocratie.*
Philippe Henriot – *Le 6 Février.*
» » » – *« Ici, Radio-France. »*
Heinrich Himmler – *L'Esprit de la SS.*
Alexander Hislop – *Les deux Babylones.*
Adolf Hitler – *Principes d'action.*

Juifs en France, Les – *Intégral.*
Les juifs en France – *George Montandon – Comment reconnaître le juif ?*
» « « – *Fernand Querrioux – La médecine et les juifs.*
» « « – *Lucien Pemjean – La presse et les juifs.*
» « « – *Lucien Rebatet – Les tribus du cinéma et du théâtre.*
Émile Junes – *Étude sur la circoncision rituelle en Israël 3. Circoncision et législation rabbinique.*

Kazantsev Alexandre – *Le messager du cosmos ; le martien.*
Arthur Kemp – *Le mensonge de l'apartheid.*
Hervé Kerbourc'h – *L'imposture de la « sécurité sociale ».*

Lambelin Roger – *« Protocols » des sages de Sion.*
Josef Landowsky – *Symphonie en rouge majeur.*
Ernest Larisse – *Jean Lombard & la face cachée de l'histoire moderne.*
Arnold Leese – *Notre livre de caricatures séditieuses.*
Capitaine Lefèvre – *Les marchands de mort subite.*
Marcel Lefebvre – *Les sermons de Monseigneur Marcel Lefebvre.*
Jean Lombard – *La face cachée de l'histoire moderne - tome I.*
Charles Lucieto (Teddy Legrand) – *Les sept têtes du dragon vert.*
Georges de La Fouchardière – *Histoire d'un petit juif.*
Le Sage de La Franquerie de La Tourre André – *Lucifer et le pouvoir occulte.*
   »   »   » – *La mission divine de la France.*
   »   »   » – *Marie-Julie Jahenny la stigmatisée bretonne.*
Joseph Landowsky – *Symphonie en rouge majeur.*
Henri Louatron – *A la messe noire ou le luciférisme existe.*

Manifold Deidre – *Karl Marx ; Vrai ou faux prophète ?*
Philippe Marie-Dominique – *La symbolique de la Messe.*
Claire Martigues – *Le pacte de Reims et la vocation de la France.*
Wilhelm Marr – *La victoire du judaïsme sur le germanisme.*
Serge Monast – *Le gouvernement mondial de l'antéchrist.*
Benito Mussolini – *La doctrine du fascisme.*

Nancy Claude – *Les races humaines ; tome I & II.*
Serguei Nilus – *Les protocoles des sages de Sion.*

O'Thouma Goré – *L'esprit juif.*
Ferdynand Ossendowski – *Bêtes, Hommes et Dieux.*
George Orwel, (Eric Arthur Blair) – *1984.*
Eric Owens – *J'étais prêt à mourir.*

Paris Edmond – *Histoire secrète des Jésuites.*
William Luther Pierce – *Chasseur.*
   »   «   « – *Les carnets de Turner.*
   »   «   « – *Pensées sur le 4 juillet.*
   »   «   « – *Extraits du Manuel du membre de la National Alliance.*
   »   «   « – *L'Esprit faustien.*
   »   «   « – *Sur le christianisme.*
   »   «   « – *La mesure de la grandeur.*
   »   «   « – *Le féminisme.*
   »   «   « – *Le port d'armes en Allemagne 1928-1945.*
Léon de Poncins – *Les documents Morgenthau.*
   »   «   » – *Israël destructeur d'empires.*

Léon de Poncins – *Le Judaïsme et le Vatican.*
Carlos Whitlock Porter – *Non coupable au procès de Nuremberg.*
Ezra Weston Loomis Pound – *Le travail et l'usure.*
A. Puig – *La race de vipères et le rameau d'olivier.*
Reed Douglas – *La controverse de Sion.*
Joachim von Ribbentrop – *La lutte de l'Europe pour sa liberté.*
Vladimir Michaïlovitch Roudnieff – *La vérité sur la famille impériale russe et les influences occultes.*
Auguste Rohling – *Le juif-talmudiste.*
   »   »   – *Le juif selon le Talmud.*
Alfred Rosenberg – *L'heure décisive de la lutte entre l'Europe et le bolchevisme.*
Alfred Rosenberg – *Le mythe du XXᵉ siècle.*
Saint-Yves d'Alveydre Alexandre – *La France vraie ; tome I & II.*
   «   «   – *La mission des juifs ; tome I & II.*
   «   «   – *La mission des souverains.*
Michel Christian Soulier – *Templum.*
Bernhard Schaub – *L'action européenne.*
Jules Séverin – *Le monopole universitaire.*
Andrei Vladimirovich Sokolov (*Stanislav Volski*) – *La Russie bolcheviste ; dans le royaume de la famine et de la haine.*
Tharaud Jérôme et Jean – *L'an prochain à Jérusalem.*
Frederik To Gaste – *La vérité sur les meurtres rituels juifs.*
Léon Trotski – *Staline.*
François Trocase – *L'Autriche juive.*
Vries De Heekelingen Herman de – *Les protocoles des sages de Sion constituent-ils un faux ?*
   »   »   »   – *L'orgueil juif.*
Marie-Léon Vial – *Le juif sectaire ou la tolérance talmudique.*
   »   »   – *Le juif roi.*
Wolski Kalixt de – *La Pologne.*
   »   »   »   – *La Russie juive.*
Yvri – *Le sionisme et la juiverie internationale.*
Zakarias Hanna (Gabriel Théry) – *L'Islam et la critique historique.*
   »   »   »   »   – *Voici le vrai Mohammed et le faux coran.*
Antoine Zischka – *Ibn Séoud, roi de l'Arabie.*

- the-savoisien.com
- pdfarchive.info
- vivaeuropa.info
- freepdf.info
- aryanalibris.com
- aldebaranvideo.tv
- histoireebook.com
- balderexlibris.com

www.ingramcontent.com/pod-product-compliance
Lightning Source LLC
LaVergne TN
LVHW031604060526
838200LV00055B/4485